자랑스런 우리나라

자랑스런 우리나라

1판 1쇄 인쇄 | 2019. 11. 15.
1판 1쇄 발행 | 2019. 11. 20.

양대승 글 | 조명자 그림

발행처 도서출판 거인
발행인 박형준
책임편집 안성철
디자인 박윤선
마케팅 이희경 김경진

등록번호 제2002-000121호
주소 서울시 마포구 상수동 와우산로48 로하스타워 803호
전화 02-715-6857
팩스 02-715-6858

값은 표지에 있습니다.
ISBN 978-89-6379-184-5 73450

방방곡곡 지리책 2

자랑스런 우리나라

글 양대승
그림 조명자

차례

우리나라 우리 땅

지리는 무엇을 배우는 것일까? …… 10
우리나라 동서남북의 끝은 어디일까? …… 12
하늘과 바다에도 주인이 있을까? …… 14
행정구역이란 무엇일까? …… 16
행정구역을 왜 나누었을까? …… 18
수도권이란 무엇일까? …… 20
호남, 영남이 무슨 뜻일까? …… 22
우리나라는 왜 둘로 나누어졌을까? …… 24
북한의 행정구역은 어떻게 나눌까? …… 26
우리나라에 철도가 만들어진 때는? …… 28
고속도로와 국도는 어떻게 다를까? …… 30

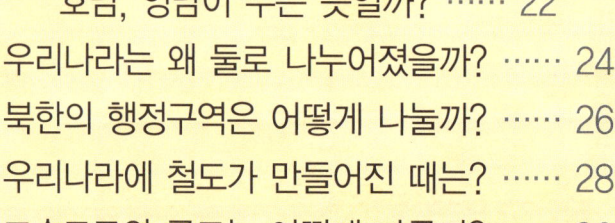

아름다운 우리나라 자연환경

매끈한 동해, 둘쭉날쭉한 서해와 남해 …… 34
갯벌은 쓸모없는 땅이 아니야 …… 36
우리나라에서 가장 길고 큰 강은? …… 38
큰 도시들이 강가에 위치한 이유는? …… 40
우리 역사와 함께한 한강 …… 42
비단처럼 아름다운 금강 …… 44
호남의 젖줄, 영산강 …… 46
가장 깨끗한 강, 섬진강 …… 48
남한에서 가장 긴 강, 낙동강 …… 50

지도로 보는 우리나라

지도에는 정해진 약속이 있어 …… 54
방위를 모르면 눈 뜬 장님! …… 56
축척을 알면 거리를 알 수 있어 …… 58
지도에는 여러 가지 기호를 사용해 …… 60

 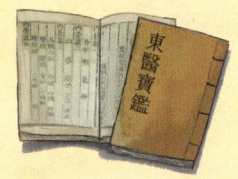  

등고선은 무엇을 나타낸 선일까? …… 62
지도에 사용된 색깔에도 약속이 있어 …… 64
우리나라에 남아 있는 가장 오래된 지도는? …… 66
우리나라 최초의 세계지도는 무엇일까? …… 68
대동여지도는 얼마나 정확할까? …… 70
대동여지도는 어떻게 만들었을까? …… 72
옛 지도에는 조상의 생각이 담겨 있어 …… 74
옛 지도는 예술적으로 아름답기도 해 …… 76

우리가 사는 고장의 자랑

유네스코 세계유산이란 무엇일까? …… 80
우리나라의 세계유산은 무엇이 있을까? …… 82
서울에 있는 조선 시대 궁궐들 …… 84
서울에 있는 네 개의 대문 …… 86
과학적이면서도 아름다운 수원화성 …… 88
화려하고 세련된 월정사 팔각구층석탑 …… 90
백제의 미소, 서산 마애삼존불상 …… 92

신라의 신비, 석굴암 …… 94
선사 시대 지배자의 무덤, 고인돌 …… 96
가장 크고 오래된 석탑, 미륵사지석탑 …… 98
과학과 예술의 조화, 해인사 팔만대장경 …… 100
제주도의 역사가 시작된 삼성혈 …… 102

우리 고장 사람들의 모습

사람들의 생활을 볼 수 있는 재래시장 …… 106
우리나라 대표 시장, 남대문시장과 동대문시장 …… 108
대표적인 수산 시장, 부산 자갈치 시장 …… 110
전통이 살아 있는 5일장 …… 112
지역마다 특산물이 있는 이유는? …… 114
경기도의 특산물 …… 116
강원도의 특산물 …… 118
충청도의 특산물 …… 120
전라도의 특산물 …… 122
경상도의 특산물 …… 124
제주도의 특산물 …… 126

우리나라 우리 땅

지리를 아는 것이 우리나라를 제대로 이해하는 첫걸음이야!

지리는 무엇을 배우는 것일까?

지리를 배운다는 것은 우리가 사는 땅에 대해서 아는 것을 말해요. 지리에는 크게 자연지리와 인문지리가 있어요. 말이 조금 어렵게 느껴지지만, 이 두 가지를 알아야 우리가 사는 땅에 대해서 안다고 할 수 있어요.

지리를 알기 위해서는 먼저 땅의 생김새나 모양을 알아야 해요. 산, 평야, 강, 바다 등이 어디에 어떻게 있는지를 아는 것이 지리의 기본이에요.

뿐만 아니라 우리가 사는 땅에는 수많은 동물들과 식물들, 그리고 우리가 사는 땅에 많은 영향을 주는 비, 바람, 눈 등의 날씨를 아는 것도 필요해요. 이렇게 땅의 모양, 동물과 식물, 기후 등을 이해하는 것을 자연지리라고 해요.

자연지리

핵심 포인트

지리 공부란 땅에 대해 아는 것뿐만 아니라 사람들의 역사와 문화를 이해하는 것을 말해요.

그런데 자연지리만 안다고 해서 우리 땅을 다 안다고 할 수 없어요. 자연만큼 중요한 것이 바로 이 땅에서 살아온 사람들의 이야기니까요. 사람들은 땅 위에서 살면서 끊임없이 문화를 발전시켜 왔어요. 옷이나 집을 만들고, 농사를 짓고, 길과 시장을 만들고, 도시를 만들었어요.

이렇게 사람들이 만들고 발전시켜온 역사와 문화를 이해하는 것이 바로 인문지리예요.

즉, 지리는 자연과 사람들의 역사와 문화를 이해하는 것이라고 할 수 있어요.

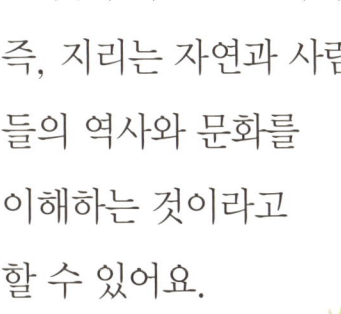

인문지리

우리나라 동서남북의 끝은 어디일까?

전라남도 해남군에 가면 땅끝 마을이라는 곳이 있어요. 땅끝 마을은 그 이름대로 우리나라 땅의 끝이라는 뜻이에요. 남쪽 끝이 있으면 동쪽, 서쪽, 북쪽의 끝도 있겠죠?

남한의 동쪽 끝은 경상북도 포항시의 호미곶이에요. 서쪽 끝은 충청남도 태안군에 있는 만리포이고, 남한의 가장 북쪽은 강원도 고성군에 있는 통일전망대예요.

그렇다면 남북한을 통틀어 우리나라 동서남북의 가장 끝은 어디일까요?

우리나라의 동쪽 끝은 동해안에 있는 독도예요. 독도는 일본이 자꾸 자기네 땅이라고 우기고 있지만 독도는 분명히

핵심포인트
우리나라의 동쪽 끝은 독도, 서쪽 끝은 마안도, 남쪽 끝은 마라도, 북쪽 끝은 온성이에요.

우리 땅이지요. 서쪽 끝은 평안북도 용천군에 속해 있는 섬인 마안도예요. 압록강 하구에서 남서쪽으로 약 15킬로미터 떨어져 있어요.

남쪽 끝은 제주도 밑에 있는 마라도예요. 북쪽 끝은 함경북도 온성군 유포면이에요.

하늘과 바다에도 주인이 있을까?

우리 땅을 영토, 우리 바다를 영해, 우리 하늘을 영공이라고 해요. 땅은 국경선이 정해져 있어서 우리 땅이 어디까지인지 쉽게 알 수 있어요. 지도만 보아도 금방 알 수 있지요. 그런데 하늘과 바다에도 주인이 있을까요?

신문이나 텔레비전을 보면 가끔 중국 배가 우리나라 바다에 들어와서 고기잡이를 했다는 뉴스가 나와요. 이런 뉴스를 보면 바다에도 주인이 있다는 것을 알 수 있어요.

그렇다면 우리 바다는 어디까지일까요?

우리 바다는 우리 영토에서부터 12해리까지예요. 해리는 바다 위나 공중에서 거리를 재는 단위로, 1해리는 1.852킬

핵심포인트
땅뿐만 아니라 바다와 하늘에도 주인이 있어요. 다른 나라에서 함부로 들어올 수 없지요.

로미터예요. 우리 땅에서 약 22킬로미터 떨어진 곳까지 우리 바다예요. 우리 바다에는 다른 나라 배들이 함부로 들어오거나 고기잡이를 해서는 안 돼요.

바다와 마찬가지로 하늘에도 주인이 있어요. 우리 땅과 우리 바다 위의 하늘은 우리 하늘이에요. 우리 하늘 안에는 다른 나라 비행기가 허락 없이 함부로 들어올 수 없어요.

행정구역이란 무엇일까?

'서울특별시 영등포구 신길동 ○○번지'
'전라남도 무안군 무안읍 ○○번지'
주소를 쓸 때 이런 식으로 쓰지요. 우리가 주소를 쓸 때 쓰는 지명들이 바로 행정구역이에요. 경기도, 전라북도, 서울, 대구 등과 같이 우리나라를 여러 개의 지역으로 나누어 놓은 것을 행정구역이라고 해요.

우리나라의 행정구역은 크게 특별시, 광역시, 도로 나누어져 있어요. 특별시는 특별한 도시라는 뜻으로 수도인 서울시가 특별시예요.

광역시는 특별시에 버금가는 도시로 부산, 대구, 울산, 광

핵심포인트
우리나라 국토를 특별시, 광역시, 도, 시, 군, 구 등과 같이 나누어 놓은 단위를 행정구역이라고 해요.

주, 대전, 인천 등 6개의 광역시가 있어요.
도는 경기도, 강원도, 충청남도, 충청북도, 전라남도, 전라북도, 경상남도, 경상북도, 제주특별자치도 등 9개가 있어요. 전국은 특별시, 광역시, 도로 나뉘고, 도 밑에는 시, 군, 구로 나뉘어요. 그리고 그 밑에는 읍, 면, 동이 있지요. 주소를 쓸 때는 큰 행정구역부터 순서대로 쓰는 거예요. '경상남도 김해시 진영읍 본산리' 처럼 말이에요.

행정구역을 왜 나누었을까?

남한의 행정구역은 특별시, 광역시, 도, 시, 군, 구, 읍, 면, 동 등으로 나누어져 있어요. 나라에서는 왜 이렇게 행정구역을 나누어 놓은 것일까요?

그 이유는 나랏일을 효율적으로 하고 각 지역에서 일어나는 일들을 신속하게 처리하기 위해서예요.

만약 행정구역이 나누어져 있지 않으면 중앙 정부에서 나라의 모든 일을 처리해야 해요. 멀리 지방에 사는 사람도 정부에 찾아와서 일을 봐야 하고요. 그렇게 된다면 전국 각지에서 크고 작은 일로 찾아오는 사람들로 정부는 무척 바빠질 거예요.

핵심포인트
행정구역을 나눈 이유는 나랏일을 효율적으로 하고, 국민들의 편의를 위해서예요.

몰려드는 사람들로 정부에서는 나라 살림과 나라 전체 일을 제대로 할 수 없게 되겠지요. 멀리 중앙 정부까지 찾아오는 사람들도 힘들고요.

이런 불편을 없애기 위해서 행정구역을 나누고, 각 지방에서 일어난 일은 그 지방에서 처리하도록 한 거지요.

행정구역이 나뉘어 있기 때문에 지방에 사는 사람은 정부가 있는 곳까지 찾아갈 필요 없이 집 근처에 있는 동사무소나 구청, 시청에 가서 필요한 일을 처리할 수 있어요.

수도권이란 무엇일까?

서울은 조선 시대부터 우리나라의 중심지였어요. 하지만 조선 시대의 서울은 그렇게 크지 않았고, 인구도 많지 않았어요. 그런데 1950년대부터 서울은 갑작스럽게 커지기 시작했어요. 직장을 찾아서 너도나도 서울로 올라오기 시작했기 때문이었어요.

인구가 갑자기 늘자 서울에는 사람들이 살 집이 모자라게 되었지요. 그래서 만들어진 것이 바로 서울 주위에 있는 도시들이었어요.

많은 사람들이 성남, 부천, 광명, 의정부 등 주변 도시에 살면서 서울로 직장을 다녔지요. 이렇게 서울을 중심으로 주변 도시들이 발달하면서 생겨난 것이 바로 수도권이에요.

수도권이란 수도인 서울을 중심으로 생활이 이루어지는 지역을 가리켜요. 인천과 경기도의 많은 도시들이 포함되어 있어요. 수도권 사람들은 서울로 직장이나 학교를 다니고, 생활에 필요한 대부분의 것을 서울에서 해결해요.

현재 수도권의 크기는 우리나라 전체의 $\frac{1}{10}$ 정도밖에 안 되지만 전체 인구의 절반 정도가 수도권에 살고 있어요. 이렇게 좁은 지역에 많은 사람이 살다보니 교통 문제, 집값 문제, 쓰레기 문제 등 많은 문제가 나타나고 있어요.

수도권으로만 사람들이 몰리는 것을 해결하는 것이 나라의 중요한 숙제지요.

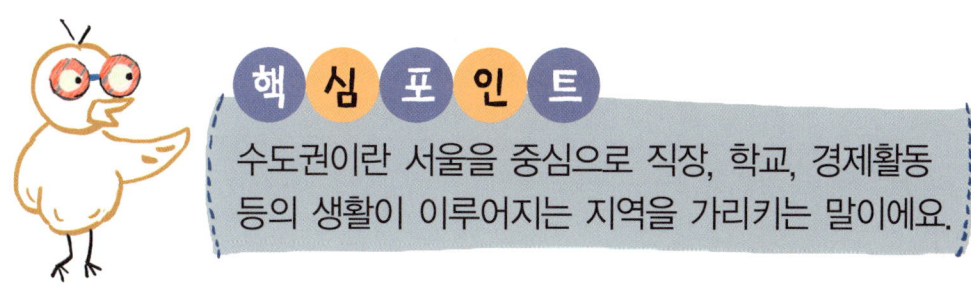

핵 심 포 인 트

수도권이란 서울을 중심으로 직장, 학교, 경제활동 등의 생활이 이루어지는 지역을 가리키는 말이에요.

호남, 영남이 무슨 뜻일까?

전라도를 흔히 호남지방이라고 부르고, 경상도를 영남지방이라고 불러요.

호남이라는 말은 호수의 남쪽이라는 뜻이에요. 여기서 말하는 호수는 전라북도 김제에 있는 저수지인 벽골제를 의미해서 벽골제 남쪽 지방을 뜻한다고 해요.

하지만 호남이 전라북도와 충청남도의 경계인 금강을 의미한다는 주장도 있어요. 그래서 호남은 금강의 남쪽 지역을 뜻한다고도 하지요.

영남이라는 말은 고개나 산맥을 뜻하는 '영'의 남쪽이라는 뜻이에요. 여기서 말하는 '영'은 문경새재, 즉 조령을 말해

핵심포인트
호남은 호수 혹은 금강의 남쪽이라는 뜻이고, 영남은 조령의 남쪽이라는 뜻이에요.

요. 조령은 경상북도 문경시와 충청북도 괴산군 사이에 있는 고개예요. 조령은 높은 산들이 이어져 있는 소백산맥 사이에 나 있는 높은 고개예요.

옛날에 경상도 지방에서 서울로 가려면 이 조령을 넘어야 했지요. 조령은 새도 넘기 힘들 정도로 험하다고 해서 새재라고도 했어요. 경상북도와 경상남도는 조령 남쪽에 있기 때문에 영남이라고 불렸어요.

우리나라는 왜 둘로 나누어졌을까?

우리나라는 일본에게 35년 동안 나라를 빼앗겼어요. 그러다 1945년에 일본으로부터 해방이 되었지요. 해방이 되자 사람들은 새로운 나라를 만들기 위해 준비를 했어요.

그런데 미군과 소련군이 우리나라에 들어오면서 새로운 나라를 만들려는 우리나라 사람들의 준비는 물거품이 되었어요. 미국과 소련은 우리나라를 반으로 나눠서 북쪽에는 소련군이, 남쪽에는 미군이 머물렀어요. 미국과 소련은 우리나라에 정부를 만드는 문제에 대해서 논의했지만 쉽게 결론이 나지 않았어요. 이 두 나라는 우리나라에 자기들을 잘 따르는 정부를 만들고 싶어 했기 때문이었지요.

핵심포인트

1948년, 남한 정부와 북한 정부가 따로 세워져 우리나라는 둘로 갈라지게 되었어요.

논의가 쉽게 끝나지 않자 미국은 남한만이라도 선거를 해서 정부를 세우기로 했어요. 많은 반대가 있었지만 1948년에 남한만의 선거가 치러져 남한 정부가 세워졌어요. 남한은 나라 이름을 대한민국이라고 지었어요. 남한에서 정부를 만들자 북한도 정부를 만들고 '조선민주주의인민공화국'이란 이름의 나라를 만들었어요. 이렇게 해서 우리나라는 해방된 지 3년 만에 남과 북으로 갈라지게 되었답니다.

북한의 행정구역은 어떻게 나눌까?

조선 시대 전국 8도 중에서 전라도, 경상도, 충청도, 경기도는 남한에 있고, 함경도, 평안도, 황해도는 북한에 속해 있어요. 강원도는 둘로 나누어져 남한과 북한에 모두 있지요. 북한은 정부를 세운 후 여러 차례에 걸쳐서 행정구역을 바꾸었어요. 현재 북한의 행정구역은 크게 직할시, 특별시, 도 등으로 이루어져 있어요. 직할시는 북한의 수도인 평양이에요. 남한에서는 수도인 서울을 특별시라고 부르는데 북한에서는 직할시라고 불러요. 특별시에는 나선특별시가 있어요. 특별시는 남한처럼 수도를 가리키는 말이 아니라 시

북한에 있는 세 곳의 특별지구

북한에는 개성공업지구, 금강산관광지구, 신의주특별행정구라는 세 곳의 특별지구가 있어요. 특구라고 불리는 이곳들은 남북 관계를 발전시키고, 경제를 살리기 위해 만든 특별한 곳이에요. 개성공업지구에는 남한 회사가 만든 공장에서 북한 사람들이 물건을 만들고 있어요.

중에서도 특별한 시라는 뜻이에요. 나선특별시는 러시아와 경제협력으로 개발이 활발히 이루어지고 있어요.

도는 함경도가 함경남도와 함경북도로 나누어졌고, 황해도도 황해남도와 황해북도로 나누었어요. 또 평안북도를 평안북도와 자강도로 나누었고, 함경북도를 함경북도와 양강도로 나누었어요.

그래서 지금 북한에는 황해남도, 황해북도, 강원도, 평안남도, 평안북도, 함경남도, 함경북도, 양강도, 자강도 등 9개의 도가 있어요.

북한에는 1개의 직할시, 1개의 특별시, 9개의 도가 있어요.

나선특별시
함경북도
양강도
자강도
함경남도
평안북도
신의주특별행정구
평안남도
평양직할시
황해북도
황해남도
강원도
금강산관광지구
개성공업지구

27

우리나라에 철도가 만들어진 때는?

우리나라 최초의 철도인 경인선은 1899년에 서울의 노량진과 인천의 제물포 사이에 놓였어요. 처음에는 사람보다 화물을 주로 날랐다고 해요. 그런데 이 경인선 철도는 우리 손으로 만든 것이 아니라 일본이 만든 거예요.

일본은 1899년에 경인선 철도를 만든 후, 1905년에 서울과 부산을 잇는 경부선 철도를, 1906년에는 서울과 신의주를 잇는 경의선 철도를 만들었어요. 뿐만 아니라 이후에도 호남선, 전라선, 중앙선 등 많은 철도들을 만들었어요.

일본이 철도를 만든 이유는 우리나라 사람들을 위해서가 아니었어요. 일본은 우리나라에서 나는 식량과 물자를 효과적으로 일본으로 빼앗아 가기 위해서 철도를 만든 것이었지요.
그리고 러시아나 중국과의 전쟁에 필요한 군대와 물품들을 빠르게 실어 나르기 위해 일본은 우리나라에 철도를 만들었어요.
그러다가 1974년에 수도권 전철화 계획으로 지하철이 다니게 되었어요. 최근에는 비행기나 배보다도 안전하고 편리하게 이용할 수 있는 고속 철도가 생겨 운송에 중요한 역할을 하고 있지요.

고속도로와 국도는 어떻게 다를까?

차나 사람이 다닐 수 있도록 만들어 놓은 비교적 넓은 길을 도로라고 해요. 그런데 도로에도 종류가 있어요. 고속도로나 국도 등의 말을 들어본 적이 있을 거예요.

국도란 나라에서 필요하다고 생각되는 곳에 길을 만들고, 나라에서 관리하는 도로를 말해요.

국도에는 크게 고속국도와 일반국도 두 가지 종류가 있어요. 고속국도를 흔히 고속도로라고 부르고 일반국도를 국도라고 부르지요. 그러니까 고속도로도 국도의 한 종류지요.

고속국도는 중요한 도시를 잇는 도로로 자동차만 다닐 수 있어요.

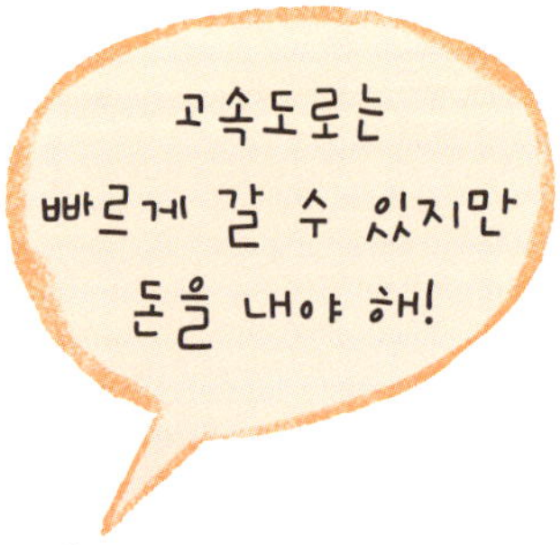

고속도로는 빠르게 갈 수 있지만 돈을 내야 해!

핵심 포인트
국도는 나라에서 관리하는 도로로, 고속도로와 일반국도가 있어요.

고속도로에는 오토바이나 자전거 등은 다닐 수 없어요. 일반국도에 비해서 자동차가 빠르게 달리기 때문에 고속국도 혹은 고속도로라고 불러요. 고속도로를 이용하기 위해서는 도로 이용료를 내야 해요.

일반국도도 나라에서 관리하는 중요한 도로예요. 고속도로와 달리 일반국도에는 사람이나 자전거, 오토바이 등이 자유롭게 다닐 수 있어요. 그리고 일반국도는 이용료가 없지요.

톨게이트

아름다운 우리나라 자연환경

구석구석 아름다운 자연환경과 강에 얽힌 이야기를 들어 볼까?

매끈한 동해, 들쭉날쭉한 서해와 남해

우리나라는 동쪽, 서쪽, 남쪽이 바다로 둘러싸여 있어요.
그런데 동해안, 서해안, 남해안이 모두 다른 모습을 하고 있어요.
지도를 펴서 우리나라를 살펴보면 동해안은 매끈한 모양을 하고 있고, 서해와 남해는 들쭉날쭉 복잡한 모양을 하고 있지요.
동해안은 해안선이 단조롭고 섬이 거의 없어요. 또한 깊은 동해의 높은 파도로 인해 해변에 드넓은 모래사장이 만들어졌어요.
동해안의 모래사장은 해수욕장으로 여름철에 인기가 많아요.

서해안에는 드넓은 갯벌이 펼쳐져 있어요.

서해안은 바닷물이 밀려오는 밀물 때와 바닷물이 빠져나가는 썰물 때의 차이가 커요. 그래서 밀물 때는 바닷물에 잠기지만 썰물이 되면 드넓은 갯벌이 만들어져요.

남해안도 서해안처럼 복잡한 모양을 하고 있지만 서해안처럼 갯벌이 많지는 않아요.

대신 남해에는 섬이 아주 많아서 바다 풍경이 아름다워요. 그래서 남해안은 섬이 많은 바다라는 뜻의 다도해라고 불리기도 해요.

또한 좋은 기후와 물빛 주변에 풍부한 문화유산이 아름다운 경관과 어우러져 남해안을 더욱 매력적으로 만들지요.

갯벌은 쓸모없는 땅이 아니야

밀물 때는 바닷물에 잠겼다가 썰물 때 드러나는 땅을 갯벌이라고 해요. 갯벌은 바닷물에 의해 운반되는 모래나 흙이 오랫동안 쌓여 생긴 땅이에요.

한때, 갯벌은 쓸모없는 땅이라고 생각했어요. 그래서 바다를 막아 갯벌을 없애고 그 땅에 농사를 짓거나 공장을 만들 수 있는 땅으로 만드는 간척 사업을 대대적으로 벌였어요.

우리나라는 세계적으로 가장 많은 갯벌을 없애 버린 나라예요.

우리나라 전체 갯벌의 절반에 가까운 45퍼센트를 없앴지요. 하지만 갯벌은 없어서는 안 될 소중한 땅이에요. 갯벌은 생태계의 보물창고예요. 지구에 사는 생물의 20퍼센트 가량이 갯벌에서 알을 낳고 먹이를 먹으며 살고 있어요.

> ### 우리나라 서해안 갯벌은 세계 5대 갯벌 중 하나
>
> 서해안은 우리나라에서 갯벌이 가장 발달한 곳이에요. 서해안은 우리나라뿐만 아니라 세계적으로 유명한 갯벌이에요. 서해안은 캐나다 동부 해안, 미국 동부 해안, 북해 연안, 아마존 강 유역과 더불어 세계 5대 갯벌로 꼽혀요.

갯벌은 오염 물질을 정화시켜 바다를 깨끗하게 만들어 주는 역할을 하고, 홍수나 태풍의 피해를 막아 주기도 하지요. 뿐만 아니라 갯벌은 고기를 잡고 조개를 캐고, 해산물을 채취하는 등의 경제적인 가치도 높고, 아름다운 경치를 구경할 수 있게 해주는 등 사람들에게 많은 이익을 주고 있어요. 이렇게 갯벌이 소중한 땅인 만큼 지키고 보존하는 일이 중요해요.

우리나라에서 가장 길고 큰 강은?

우리나라에는 크고 작은 여러 개의 강이 있어요. 우리나라에서 가장 길고 큰 강은 무슨 강일까요?

먼저 강의 길이가 가장 긴 순서대로 살펴보면 압록강이 790킬로미터로 가장 길어요. 그 다음으로 두만강이 548킬로미터, 낙동강은 506킬로미터, 한강 494킬로미터, 대동강 450킬로미터, 금강 394킬로미터, 임진강 244킬로미터, 섬진강 223킬로미터, 청천강 199킬로미터, 예성강 187킬로미터, 영산강 115킬로미터 순이에요.

그런데 강의 크기는 강의 길이로 따지는 것이 아니라 강물이 흐르는 언저리인 강 유역의 너비로 따져요.

핵심포인트
우리나라에서 가장 길고 큰 강은 북한에 있는 압록강이고, 남한에서 가장 큰 강은 한강이에요.

강 유역의 너비를 기준으로 살펴보면, 강의 크기는 압록강, 한강, 낙동강, 대동강, 두만강, 금강, 임진강, 청천강, 섬진강, 예성강 순이에요. 압록강은 강의 길이로 보나 유역의 너비로 보나 우리나라에서 가장 길고 큰 강이지요. 이 중에서 압록강, 대동강, 두만강, 청천강, 예성강은 북한에 있고, 한강, 낙동강, 금강, 섬진강은 남한에 있어요. 임진강은 북한에서 시작해서 남한으로 흘러오는 강이에요.

우리나라에도 길고 큰 강이 꽤 많구나.

두만강
압록강
청천강
대동강
예성강 임진강
한강
금강 낙동강
영산강 섬진강

그러게. 강을 따라 여행을 해볼까?

큰 도시들이 강가에 위치한 이유는?

옛날에 만들어진 큰 도시들은 대부분 강을 끼고 있어요. 조선 시대의 수도였던 한양은 한강을 끼고 있고, 고려의 수도였던 개성은 예성강과 임진강 가에 있고, 백제의 수도였던 공주와 부여는 금강 가에 자리 잡고 있고, 고구려의 수도였던 평양은 대동강을 끼고 있어요.

옛날 도시들이 큰 강가에 생긴 이유는 무엇 때문일까요? 큰 강가는 넓은 평야가 있어서 농사짓기에 좋아요. 농사를 짓기 위해서 사람들은 자연스럽게 강가로 모여들어 도시가 만들어졌어요. 또 다른 이유는 교통 때문이었어요. 지금은 도로가 발달되어 있지만 옛날에는 그렇지 못했어요.

핵심포인트
옛 도시들은 농사짓기와 교통의 편리함 때문에 대부분 강가에 위치했어요.

자동차나 기차 같은 교통수단도 없었고, 도로나 교통이 발달하지 못했던 옛날에는 강이 중요한 역할을 했어요. 배를 이용해서 강을 따라 물건을 옮기는 것이 가장 효과적이었지요. 배를 이용하면 많은 물건을 한꺼번에 옮길 수 있었으니까요. 이런 교통의 편리함 때문에 강가에 도시들이 만들어지게 된 거예요.

우리 역사와 함께한 한강

한강은 남한에서 가장 큰 강이에요. 강이 큰 만큼 강 주변에 넓고 기름진 평야가 발달했어요. 그래서 한강 주변에는 아주 먼 옛날부터 사람들이 살았어요. 서울 암사동에 있는 선사 시대 유적지를 통해 신석기 시대 사람들의 모습을 상상할 수 있지요.

삼국 시대에는 백제, 고구려, 신라가 한강을 차지하기 위해서 치열하게 전쟁을 벌였어요. 맨 먼저 한강을 차지한 백제는 가장 먼저 발전했어요.

고구려는 백제를 이기고 한강을 차지했을 때가 가장 힘이 강했어요.

한강의 강줄기는 둘이에요

한강은 북한강과 남한강 두 줄기가 모여 이루어졌어요. 북한강은 북한에 있는 금강산에서 시작해서 강원도 춘천을 지나 서울 쪽으로 흘러와요. 남한강은 강원도 태백에서 시작해서 충청도를 지나 서울 쪽으로 흘러오지요. 북한강과 남한강은 경기도 양평군에 있는 양수리에서 만나서 하나의 강이 돼요.

신라는 한강을 차지하면서 삼국 통일의 기틀을 마련할 수 있었지요.

조선 시대에 수도를 지금의 서울로 옮기면서 한강은 우리 역사와 문화의 중심지가 되었어요. 또한 한강은 우리나라를 대표하는 강이 되었지요. 1970년대 우리 경제가 엄청나게 빠른 속도로 발전했을 때 세계 사람들은 '한강의 기적'이라고 표현하기도 했어요.

비단처럼 아름다운 금강

금강이라는 이름은 강이 비단처럼 아름답다고 해서 붙여진 이름이에요.

금강은 우리나라에서 여섯 번째로 큰 강이고, 남한에서는 한강, 낙동강에 이어 세 번째로 큰 강이에요.

금강은 전라북도 장수군에서 시작해서 충청북도, 충청남도를 두루 거쳐 서해로 빠져나가요. 금강은 충청도를 대표하는 강이라고 할 수 있어요.

금강은 역사적으로 백제와 연관이 깊은 강이에요. 백제의 첫 도읍지는 한강 가에 있는 위례성(지금의 서울)이었어요. 그런데 백제는 고구려의 공격을 받아 한강을 빼앗겼어요. 한강을 빼앗긴 백제는 남쪽으로 내려와 공주를 새로운 도읍지로 정했고, 얼마 후 다시 부여로 도읍을 옮겼어요.
백제의 수도였던 공주와 부여는 모두 금강 가에 자리 잡고 있었어요.
백제는 부여에서 나라의 기틀을 다시 세우고 힘을 키워 나갔어요. 하지만 백제는 신라와 당나라의 연합군에 의해서 멸망하고 말지요.
백제가 멸망하자 삼천궁녀가 뛰어내렸다는 슬픈 전설이 전해지는 낙화암도 금강에 있어요.

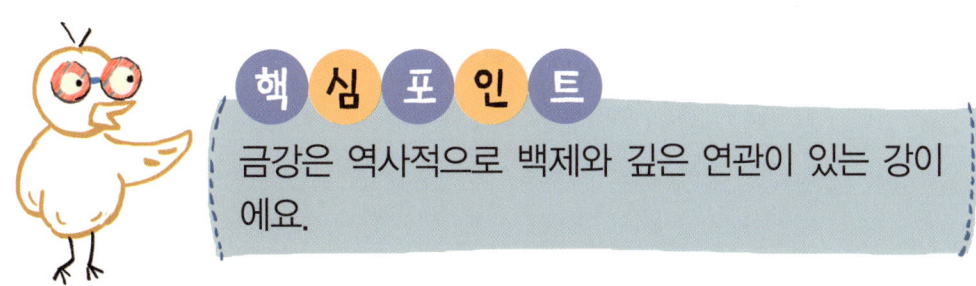

핵심포인트
금강은 역사적으로 백제와 깊은 연관이 있는 강이에요.

호남의 젖줄, 영산강

영산강은 우리나라 4대강 중 하나로, 전남 담양군에서 시작해서 광주, 나주, 영암 등을 거쳐서 서해로 빠져나가요. 영산강은 호남 지방에 기름진 평야를 만들어 주고, 곡식이 자라는 데 필요한 물을 공급해 주는 호남의 젖줄 같은 강이에요. 영산강 덕분에 드넓은 나주평야가 만들어졌고, 많은 쌀을 생산할 수 있지요.

영산강은 옛날에 전라남도에서 수확한 쌀을 서울로 옮기는 데 중요한 역할을 했어요. 배를 타고 영산강을 따라 들어오면 바다에서부터 50킬로미터나 떨어져 있는 나주까지 올 수 있어요.

핵심 포인트
영산강은 옛날에 전라도에서 수확한 쌀을 궁궐이 있는 수도로 옮기는 데 중요한 역할을 했어요.

나주에 있는
영산포는
고려 시대부터
전라도 지방의 쌀과
곡식을 궁궐로 실어 나르는 포구였어요. 영산포에 배들이 얼마나 많이 드나들었는지 영산강에는 등대까지 있었어요. 영산포에 있는 영산포 등대, 그리고 무안군 일로읍에 있는 몽수 등대는 바다가 아닌 강에 만들어진 등대예요.
영산강은 기름진 평야를 만들어 주고, 교통에서도 중요한 역할을 했지만 홍수가 자주 나는 강이었어요.
영산강은 다른 강에 비해 구불구불하게 흐르고 강바닥이 높았기 때문이었지요.

가장 깨끗한 강, 섬진강

섬진강이라는 이름의 한자를 보면 '섬' 자는 두꺼비를 뜻하고, '진'은 나루터를 뜻하는 한자예요. 즉, 두꺼비 나루터 혹은 나루터의 두꺼비라는 뜻이에요. 섬진강이 이렇게 특이한 이름을 얻게 된 데는 이유가 있어요.

섬진강은 원래 사수강, 사천 등으로 불렸어요. 그런데 고려 시대에 일본 해적인 왜구가 쳐들어 온 적이 있었대요. 왜구들은 강을 따라 지금의 섬진 나루터 쪽으로 왔어요.

그때 갑자기 섬진 나루터에 수많은 두꺼비들이 몰려나와 시끄럽게 울어 대면서 나루터를 지켰어요.

왜구들은 수많은 두꺼비 떼의 모습과 시끄러운 소리에 놀라 도망치는 바람에 마을은 무사할 수 있었어요. 이때부터 이 강을 섬진강이라고 불렀다고 해요.

섬진강은 전라북도 진안에서 시작해 전라남도를 돌아 남해로 빠져나가는 강이에요.

섬진강은 우리나라 강 중에서 가장 깨끗한 강이에요. 내장산, 무등산, 지리산 등에서 맑고 깨끗한 계곡물이 계속 섬진강으로 흘러들기 때문이지요. 섬진강에는 깨끗한 물에서만 산다는 은어, 참게, 재첩 등이 살고 있어요.

남한에서 가장 긴 강, 낙동강

낙동강은 강원도 태백시에 있는 함백산에서 시작해서 경상도를 거쳐서 남해로 흘러드는 강이에요.
낙동강은 길이가 506킬로미터로 길이만 따졌을 때 압록강 다음으로 길고, 남한에서 가장 긴 강이에요. 낙동강은 긴 거리를 흘러오면서 안동분지, 대구분지, 경남평야 등의 평야를 만들어 주었어요.
또한 낙동강은 경상도 지역 사람들이 마실 물, 농사를 짓는 데 사용하는 물, 그리고 공장을 돌리는 데 필요한 물도 공급해 주었어요.
낙동강은 경상도 지역의 농업과 공업을 크게 발전시켰지요.
낙동강은 6·25전쟁 당시 치열한

전투가 벌어졌던 곳이기도 해요. 북한군의 공격을 받았던 남한은 경상도를 뺀 대부분의 땅을 빼앗겼어요. 더 이상 물러설 곳이 없던 남한군은 낙동강에 최후의 방어선을 쳤어요. 낙동강마저 내주면 남아 있던 경상도마저 북한군에게 빼앗길 위기였어요. 낙동강을 넘어서 경상도로 들어가려는 북한군과 어떻게든 막으려는 남한군의 치열한 전투는 두 달 가까이 계속되었어요.

유엔군의 인천상륙작전으로 북한군이 후퇴하면서 낙동강 전투는 끝이 났지만 그 전투로 수많은 남북한 군인들이 목숨을 잃었어요.

지도에는 정해진 약속이 있어

사람들은 길을 모를 때 지도를 보고 길을 찾아가고, 그곳에 무엇이 있는지, 땅은 어떤 모양을 하고 있는지 알게 돼요. 그런데 만약 지도를 그리는 사람 마음대로 그린다면 어떻게 될까요?

다른 사람들은 그 지도를 봐도 어디에 무엇이 있는지 알 수 없을 거예요. 그래서 지도를 그릴 때는 정해진 약속대로 그려야 해요.

방위, 축척, 기호, 색 등이 바로 지도에 정해진 약속이에요. 방위는 동서남북 방향을 가리키는 거예요. 방향을 정하고 그 방향에 맞게 지도를 그리지요.

핵 심 포 인 트
지도는 정해진 약속에 따라 그리기 때문에 사람들은 지도를 보면 그 속에 담긴 내용을 알 수 있어요.

축척은 지도를 실제보다 얼마나 줄여서 그렸는지를 알려 주는 거예요. 지도를 보면 네모, 동그라미, 선, 간단한 그림 등이 그려져 있어요. 이것이 바로 지도에 사용되는 기호예요. 지도를 보면 녹색도 있고, 고동색도 있지요. 이런 색깔도 아무렇게 칠한 것이 아니에요. 모두 약속에 맞춰서 색을 칠한 것이지요.

지도는 이런 약속을 지켜서 그리기 때문에 누구든 지도를 보고 같은 뜻으로 이해할 수 있어요.

방위를 모르면 눈 뜬 장님!

방위란 방향과 같은 뜻이에요. 어느 쪽이 동쪽인지, 어느 쪽이 북쪽 방향인지를 알려 주는 것이 바로 방위지요. 방위가 없으면 지도를 봐도 길을 찾을 수 없어요. 어느 쪽이 동쪽인지 어느 쪽이 서쪽인지 모를 테니까요.

방위는 보통 동쪽, 서쪽, 남쪽, 북쪽의 네 방향을 알려 주는 4방위 기호를 많이 써요.

지도에 보면 숫자 4와 똑같이 생긴 기호가 있어요. 이것이 바로 동서남북 네 방향을 알려 주는 방위 기호예요.

이런 방위 표시를 보면 어느 쪽이 동쪽인지, 어느 쪽이 남쪽인지 쉽게 알 수 있지요. 그런데 어떤 지도에는 이런 방위 표시가 없는 경우가 있어요. 이것은 방위를 무시한 지도가 아니라 방위 표시가 보이지 않을 뿐이에요.

만약 지도에 방위 표시가 없으면 위쪽이 북쪽, 아래쪽이 남쪽, 오른쪽이 동쪽, 왼쪽이 서쪽이라고 생각하면 돼요.

방위 표시가 없을 때는 이렇게 방향을 찾는 것도 지도에 정해진 약속 중 하나예요.

핵심 포인트

지도에는 동서남북을 알려 주는 방위 표시가 있어서 지도를 보고 방향을 찾아갈 수 있어요.

축척을 알면 거리를 알 수 있어

지도는 크고 넓은 땅을 작은 종이 위에 그린 것이에요. 커다란 땅을 작은 종이에 그리기 위해서는 실제 모습보다 줄여서 그려야겠지요. 지도에서는 크기를 줄일 때 아무렇게나 줄이면 안 돼요.

만약 서울과 멀리 떨어진 부산을 아주 가깝게 그리고, 서울 옆에 있는 인천을 부산보다 멀리 그린다면 어떻게 될까요? 지도를 본 사람들은 서울에서 인천이 부산보다 훨씬 멀다고 생각할 거예요.

지도를 줄여서 그릴 때 필요한 것이 바로 '축척'이에요. 지도를 만들 때 실제 거리를 어느 정도 줄여서 그렸는지를 가리키는 것이 축척이에요. 만약 실제 거리가 2센티미터인 곳을 지도에 1센티미터로 그렸다면 그 지도는 실제를 반으로 줄여서 그린 것이지요. 이렇게 실제보다 절반만큼 줄여서 그렸을 때 1:2, $\frac{1}{2}$ 등으로 표시해서 축척을 알려 줘요. 그림에서 1:500은 실제의 거리를 500배만큼 줄여서 그렸다는 뜻이에요. 지도의 1센티미터는 실제로는 500센티미터(5미터)라는 말이지요. 그래서 축척을 알면 지도만 보고도 실제 거리가 얼마나 되는지 알 수 있어요.

<축척을 나타내는 여러 가지 방법>

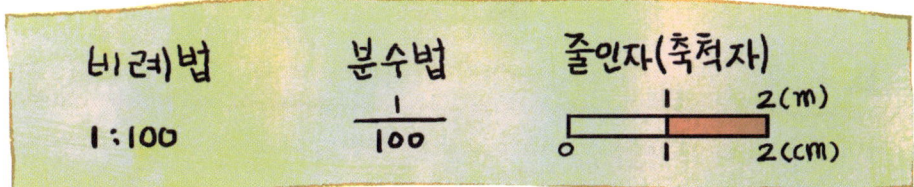

위의 축척표는 모두 실제를 100배만큼 줄여서 그렸다는 축척을 알려 주는 표시예요. 이런 축척이 표시된 지도의 1센티미터는 실제로는 100센티미터, 즉 1미터라는 것을 알 수 있지요.

지도에는 여러 가지 기호를 사용해

지도는 아주 넓은 땅의 모양을 종이에 옮겨 놓은 것이에요. 넓은 땅에는 산, 강, 논, 밭, 도로, 다리, 집, 학교 등 정말 많은 것들이 있어요. 이것들을 작은 종이 위에 그려 넣으려면 지도가 정말 복잡하고 어지러워질 거예요. 그래서 필요한 것이 바로 기호예요.

지도에 사용되는 기호들은 얼핏 봐서는 뭐가 뭔지 모를 수도 있어요. ▲, ⊥⊥, ✚, 이런 기호들이 무엇을 뜻하는지 알 수 있나요?

자세히 보면 지도에 사용되는 기호들은 본래의 모양을 본떠서 만든 것이 많아요. ▲은 산의 모양을 본뜬 것이지요. ⊥⊥은 논에서 파릇파릇 자라고 있는 벼를 본떠서 만든 것이에요. 그리고 ✚은 딱 봐도 병원이라는 것을 알 수 있어요. 이런 기호가 있기 때문에 작은 종이에도 실제로 있는 것들을 간단하고 쉽게 알아볼 수 있도록 그릴 수 있어요.

<지도의 여러 가지 기호들>

등고선은 무엇을 나타낸 선일까?

우리가 사는 땅은 평평하지 않아요. 높은 산이 있고, 낮은 평야 지역도 있지요. 땅은 이렇게 울퉁불퉁하게 생겼는데 지도는 평평한 종이에 그려요. 평평한 종이 위에 그린 지도를 보면 어디가 높은 곳인지, 어디가 낮은 곳인지 잘 알 수 없어요.

'지도에 땅의 높고 낮음을 표현할 방법이 없을까?'

이런 고민 끝에 만들어진 것이 바로 등고선이에요.

등고선은 높이가 같은 곳을 이은 선이라는 뜻이에요.

높이 20미터인 곳을 선으로 잇고, 높이가 40미터인 곳을 선으로 잇고, 높이

등고선을 보면 경사가 보인다

등고선을 보면 땅의 높이뿐만 아니라 경사가 얼마나 급한지도 알 수 있어요. 등고선의 간격이 좁으면 경사가 가파른 곳이고, 등고선의 간격이 넓으면 경사가 완만한 곳이에요. 등고선 간격이 좁다는 것은 그만큼 높이가 금방 변한다는 말이기 때문에 경사가 급한 것이지요.

60미터인 곳, 높이 80미터인 곳 등과 같이 높이가 같은 곳을 선으로 이어서 그린 것이 바로 등고선이에요. 그래서 등고선은 나무의 나이테처럼 생겼어요. 원 안에 그보다 작은 원이 들어 있고, 그 안에 더 작은 원이 들어 있는 모양이지요. 안쪽의 작은 원일수록 높은 곳을 의미하지요.
등고선을 이용하면 평평한 종이 위에 그린 지도에 땅의 높낮이를 표시할 수 있어요.

<등고선과 단면도>

지도에 사용된 색깔에도 약속이 있어

지도를 보면 알록달록 여러 가지 색으로 칠해져 있어요. 지도에 쓰인 이 색깔들은 지도를 예쁘게 보이려고 칠한 것일까요? 그렇지 않아요. 지도에 사용되는 색에도 정해진 약속이 있어요.

먼저 땅의 높이나 바다의 깊이에 따라서 사용하는 색이 달라요. 들과 같이 평평한 땅은 녹색이고, 산과 같이 높이가 높은 곳은 노란색, 갈색, 고동색의 순서로 색이 점점 진해져요.

바다는 파란색으로 칠하는데 얕은 바다는 연한 파란색이고 깊은 바다일수록 진해져 아주 깊은 곳은 남색이 되어요. 그래서 지도의 색깔만 봐도 땅의 높이나 바다의 깊이를 한눈에 알 수 있어요.

기호에 사용되는 색깔도 정해져 있어요. 빨간색은 주로 빛이나 열에 관련된 것을 표시할 때 사용해요. 환한 빛을 내는 등대, 뜨거운 용암이 나오는 화산, 사람들이 많이 찾아오는 관광지, 도로나 바닷길 등은 빨간색으로 그려요.
강이나 바다, 호수 등을 표시하는 기호에는 파란색을 사용해요.
논, 밭, 과수원 등을 표시하는 기호에는 녹색이 쓰여요.
관공서, 학교 같은 건물, 철도 산 등을 표시할 땐 검은색을 사용해요.

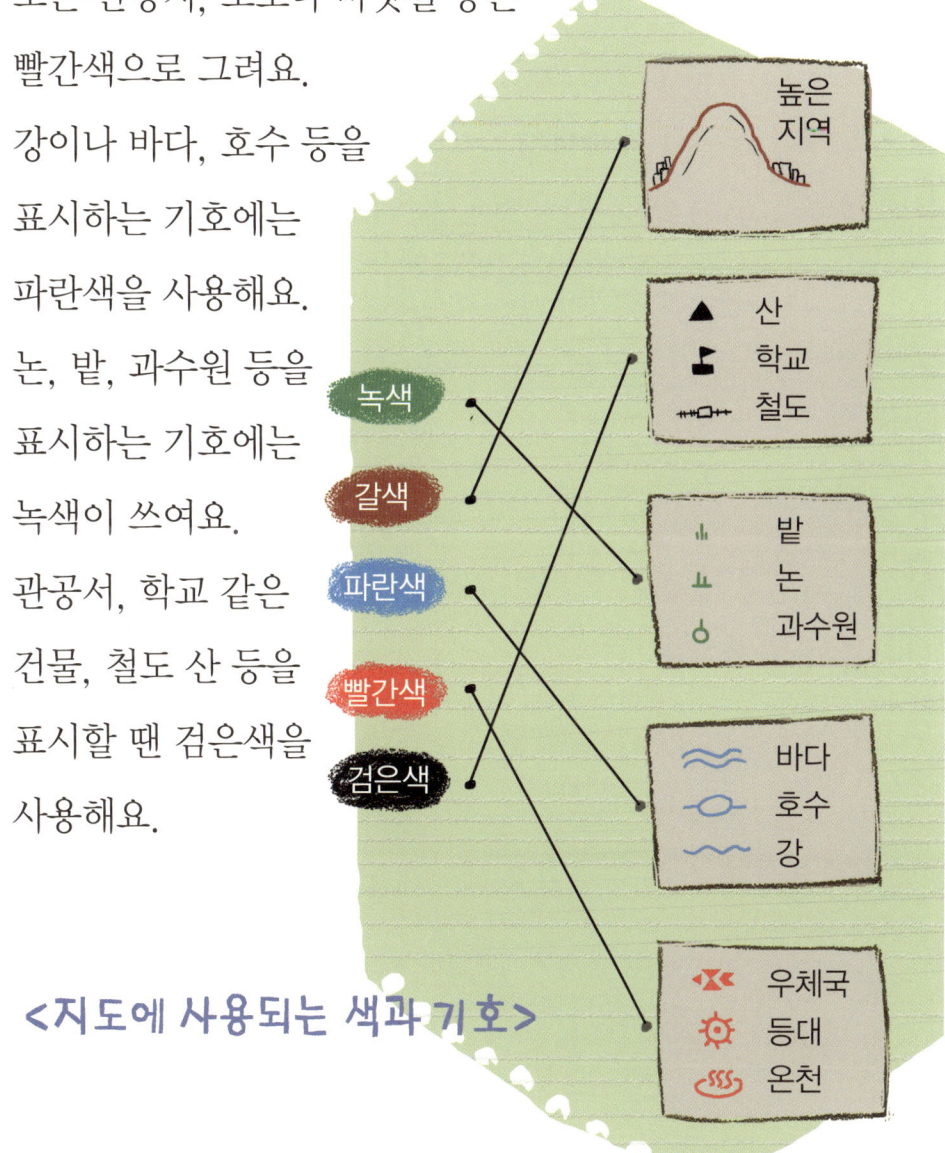

<지도에 사용되는 색과 기호>

우리나라에 남아 있는 가장 오래된 지도는?

현재 우리나라에 남아 있는 가장 오래된 지도는 고구려 고분벽화의 요동성 지도예요.

고구려 사람들은 커다란 무덤을 만들고 무덤 안에 벽화를 그렸어요. 고구려 고분벽화 속에 다양한 그림이 그려져 있는데 그중 하나가 바로 이 지도예요.

마치 초등학생이 그린 그림 지도처럼 보이기도 하지만 역사적으로 중요한 지도랍니다. 요동성 지도는 고구려 시대 요동성의 성벽이 어떤 모양으로 쌓아졌는지, 성안에는 건물들이

세계문화유산에 등록된 고구려 고분벽화

고구려 사람들이 그린 고분벽화는 아름답고 예술적, 역사적 가치가 아주 높아요. 유네스코는 세계적으로 보존해야 할 가치가 있는 문화유산을 세계문화유산으로 지정해 체계적인 관리와 보호를 하고 있어요. 고구려 고분벽화는 그 가치를 인정받아 2005년에 유네스코 세계문화유산에 등록되었어요.

어떻게 배치되어 있었는지도 그려져 있어요.
요동성은 바깥을 둘러싸고 있는 성벽이 있고,
그 안에 다시 성벽을 쌓은 2중의 성벽이 있어요.
성안에는 지붕에 기와를 얹은 2층과 3층
으로 된 건물들이 있으며, 성문과 성벽에는
성을 지키는 시설들이 있지요.
요동성 지도가 그려져 있는 요동성총은 약 1600여 년 전에
만들어진 고분이에요.
이 지도를 통해서 우리나라에서는 삼국 시대부터 지도가
만들어졌다는 것을 알 수 있지요.

우리나라 최초의 세계지도는 무엇일까?

우리나라에서는 1402년에 김사형 등이 우리나라 최초의 세계지도인 혼일강리역대국도지도를 만들었어요.

혼일강리역대국도지도. 지도 이름이 참 길고 어렵지요? 뜻은 세계 여러 나라의 수도를 그린 지도, 즉 세계지도를 말하는 거예요. 이 지도가 만들어진 조선 시대 초기만 해도 외국과의 교류는 중국과 일본 정도밖에 없었어요.

그런데 이 지도에는 중국과 일본뿐만 아니라 유럽과 아프리카까지 그려져 있어요. 100여 개의 유럽 지명과 약 35개의 아프리카 지명이 적혀 있어요.

혼일강리역대국도지도는 지금의 세계지도와 비교해 보면 잘못된 부분이 많아요. 중국과 우리나라가 지나치게 크게 그려져 있고, 유럽, 아프리카 등은 아주 작게 그려져 있지요. 이것은 중국을 세계의 중심이라 생각하고 우리나라는 중국 다음으로 크다고 생각했기 때문이에요. 지도에 당시 사람들의 세계관이 담겨 있는 것이지요.
하지만 이 지도는 당시에 만들어진 세계지도 중에서 가장 정확하고 우수한 지도였답니다.

대동여지도는 얼마나 정확할까?

우리나라 옛 지도 중에서 단연 돋보이는 것이 바로 대동여지도예요. 1861년에 만들어진 대동여지도는 지금의 지도와 비교해도 뒤지지 않을 만큼 정확해요.

대동여지도는 우리나라 국토의 크기와 모양을 정확하게 나타내고 있어요. 그 안에 산맥과 하천, 도시와 항구, 다리, 고개, 섬, 사찰 등 1만 2천여 개나 되는 지명을 그려 넣었어요. 또한 대동여지도는 10리(4킬로미터)마다 눈금을 찍어 놓아 정확한 거리까지 표시했어요.

그런데 그 거리는 그냥 평면상의 거리가 아니라 실제로 걸어가는 거리를 표

대동여지도는 얼마나 클까?

흔히 대동여지도를 벽에 걸 정도의 조그만 지도라고 생각하기 쉬운데 그렇지 않아요. 대동여지도는 전체가 227면으로 구성되어 있어, 전체를 펼쳐 이으면 세로 6.6미터, 가로 4.0미터에 이르는 대형 지도예요. 적어도 3층 높이 이상의 공간이 있어야 걸 수 있을 정도로 커요.

시하고 있어요. 그래서 평지의 10리와 산길의 10리가 다르게 표시되어 있어요. 평지에서는 2.5센티미터 정도마다 10리를 표시했지만 산에서는 1센티미터가 채 안 되는 곳에 10리를 표시해 놓았어요. 험한 산길을 오를 때는 시간이 더 오래 걸리기 때문에 이렇게 표시를 한 것이지요.
이렇게 과학적이고 정밀한 대동여지도는 조선 시대 지도 중에서도 최고의 지도로 평가받고 있어요.

대동여지도는 어떻게 만들었을까?

우리나라뿐만 아니라 세계적으로 정확성과 가치를 인정받는 대동여지도를 만든 사람은 김정호예요. 김정호가 살았던 시대는 지금과 같은 정확한 측량 도구가 없었어요. 그런데도 김정호는 어떻게 정확하고 정밀한 대동여지도를 만들 수 있었을까요?

김정호의 전기를 보면 김정호는 지도를 만들기 위해서 전국을 몇 번이나 돌아다녔고, 백두산을 일곱 번이나 올랐다는 내용이 나와요. 김정호가 직접 돌아다니면서 직접 보고 지도를 만들었다는 말이지요.

지도를 나무에 새긴 김정호

김정호의 대동여지도는 종이에 그린 지도가 아니에요. 수십 장의 나무판에 지도를 새기고 조각하여 판화처럼 찍어내어 한꺼번에 여러 장의 지도를 만들었어요. 김정호는 지도를 널리 보급하기 위해서 나무에 지도를 새겼던 것이에요. 지금 우리가 보고 있는 지도는 나무판에 찍어낸 지도예요.

하지만 이것은 확실한 사실이 아니에요. 기록들을 살펴보면 김정호가 전국을 돌아다니면서 지도를 그렸다는 말은 어디에도 없어요. 기록에는 한결같이 김정호는 우리나라의 여러 지도를 모아 비교해 좋은 점을 모아서 지도를 만들었다고 해요.

김정호가 대동여지도를 만들기 전에도 우리나라에는 여러 지도가 있었고 지도 제작 기술은 아주 발달해 있었어요. 김정호는 이런 지도들을 비교하고 분석해서 대동여지도를 만들었던 거예요.

옛 지도에는 조상의 생각이 담겨 있어

옛 지도는 단순히 땅의 모양을 그린 것이 아니에요. 우리 조상의 생각과 사상이 담겨 있어요. 천지도를 보면 우리 조상이 세상을 어떻게 바라봤는지 알 수 있어요.

1800년대에 만들어진 천지도는 바깥에 있는 둥근 원은 하늘을, 안에 있는 네모는 땅을 그린 지도예요. 하늘을 그린 부분에는 별자리까지 그려 넣었어요.

왜 하늘과 별자리까지 지도에 그려 넣었을까요?

그 이유는 우리 조상은 하늘과 땅을 따로 떼어 놓고 생각하지 않았기 때문이에요. 또한 하늘은 둥글고, 땅은 네모나다고 생각했기 때문에 이런 지도를 만들었던 것이에요.

핵심 포인트

옛 지도에는 우리 조상의 생각과 세계를 바라보는 사상이 담겨 있어요.

그리고 지도를 보면 세계지도인데 가장 중심에 크게 자리 잡고 있는 나라는 중국이에요. 그때까지만 해도 세계의 중심은 중국이라고 생각했기 때문이지요.
천지도 뿐만 아니라 우리 옛 지도에는 조상의 생각과 정신이 담겨 있어요.

▲천지도

옛 지도는 예술적으로 아름답기도 해

옛 지도에는 조상의 생각뿐만 아니라 과학이 담겨 있어요. 지도는 정확한 것이 중요하기 때문에 과학적으로 그려야 했지요. 또한 옛 지도에는 조상의 예술성이 담겨 있어요. 우리 조상은 지도도 하나의 그림이기 때문에 예술적으로 아름답게 그렸어요.

1700년대 지금의 서울인 한양을 그린 지도, 도성도는 조상들의 예술성을 잘 보여 주는 지도예요.

도성도를 보면 지도라기보다는 한 폭의 아름다운 그림처럼 보여요. 특히 산을 그린 부분은 동양화를 그린 것 같아요. 지도를 하나의 예술 작품으로 만든 것이지요.

▲도성도

그렇다고 도성도가 아름답기만 한 것은 아니에요. 지도를 보면 시내의 구획이 어떻게 나뉘어 있는지, 도로는 어떻게 나 있는지, 어떤 건물들이 어디에 있는지 등이 자세히 그려져 있어요.

뿐만 아니라 도성도에는 숭례문(남대문)이나 흥인문(동대문) 등 주요 지점까지의 거리가 몇 걸음이나 되는지까지 정교하게 표시되어 있어요.

유네스코 세계유산이란 무엇일까?

유네스코는 교육, 문화, 과학 등 다양한 분야에서 국제 이해와 협력을 통해 세계 평화를 위해 일하는 국제기구예요. 유네스코가 하는 일 중 하나가 세계적으로 보존해야 할 가치가 있는 유산을 지정하고 이를 보호하는 일이에요. 유네스코가 지정한 유산을 유네스코 세계유산이라고 해요.

세계유산은 크게 문화유산, 자연유산, 복합유산으로 구분되어요. 문화유산은 역사, 예술, 과학적으로 세계적인 가치가 있는 건축물이나 장소, 조각, 그림 등을 말해요.

자연유산은 지구의 주요한 진화 단계를 보여 주는 곳이나 풍경이 아름다운 곳, 멸종 위기에 처한 희귀 동식물이 사는 곳 등이 선정되어요.

복합유산은 문화유산과 자연유산의 성격을 함께 가지고 있는 것을 말해요. 이밖에도 세계의 기록유산과 인류의 무형문화유산이 있어요.

```
          유네스코 세계유산
    ┌──────────┬──────────┐
  문화유산      자연유산      복합유산
```

기록유산   무형문화유산

우리나라의 세계유산은 무엇이 있을까?

우리나라의 유네스코 세계문화유산은 10건이고, 인류무형문화유산은 8건이며, 세계기록유산은 7건이에요. 세계문화유산으로 1995년에 종묘, 불국사와 석굴암, 해인사 장경판전이 등록되었어요. 1997년에 수원화성, 창덕궁이 등록되었고, 2000년에는 전북 고창, 전남 화순, 강화의 고인돌 유적, 경주 역사 유적지가 세계문화유산에 등록되었어요. 그리고 2009년에는 조선 시대 왕과 왕비들의 무덤인 조선 왕릉이, 2010년에는 안동 하회마을과 경주 양동마을이 등록되었어요.

〈조선왕릉〉

〈남사당놀이〉

2007년에는 제주 화산섬과 용암동굴이 유네스코 세계자연유산으로 등록되었어요.

인류무형문화유산에는 종묘제례와 종묘제례악, 판소리, 강릉단오제, 강강술래, 남사당놀이, 영산재, 제주 칠머리당영등굿, 처용무 등 8건이 등록되었어요.

세계기록유산에는 훈민정음, 조선왕조실록, 직지심체요절, 승정원일기, 조선왕조의 의궤, 해인사 대장경판과 제경판, 동의보감 등 7건이 등록되었어요.

이 모두가 세계적으로 우리 문화와 자연의 우수함과 가치를 널리 알린 소중한 유산들이지요.

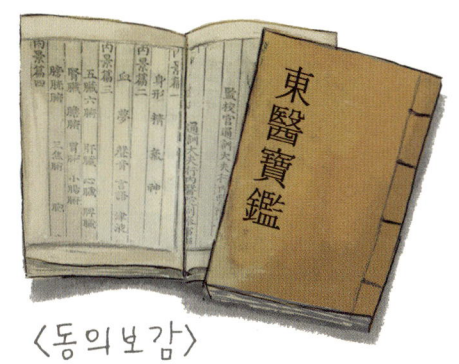

〈동의보감〉

서울에 있는 조선 시대 궁궐들

서울은 조선 시대 도읍지였어요. 서울에는 조선의 도읍지답게 왕이 살면서 나랏일을 돌보던 다섯 개의 궁궐이 있어요. 경복궁은 조선을 세우면서 만들었던 조선의 중심 궁궐이었어요. 경복궁은 궁궐 중에서도 가장 크고 웅장해서 당당한 품위가 느껴져요.

경복궁

창덕궁

창덕궁은 태종이 세운 궁궐이에요. 경복궁에 비해서 크기는 작지만 아름답고 화려한 궁궐이에요. 창덕궁은 독창적인 건물과 아름다움을 인정받아 유네스코 세계문화유산에 등록되었어요.

창경궁은 성종 시절에 왕실 사람들이 쉴 수 있도록 하기 위해 만들어진 궁궐이에요. 조선의 마지막 왕

창경궁

인 순종이 머물렀던 궁궐이기도 해요.

덕수궁

덕수궁이라고 불리는 경운궁은 임진왜란 때 경복궁이 불타자 선조가 이곳에 머물면서 궁궐이 되었어요. 조선 시대 말, 고종이 이곳에 많은 건물들을 짓고 머물면서 궁궐의 모습을 갖추게 되었어요.

경희궁은 광해군 때 세워진 궁궐이에요. 하지만 1910년 일제에 의해 파괴된 후, 복원 작업을 거쳐 2002년부터 시민들에게 공개되었어요.

경희궁

서울에 있는 네 개의 대문

조선을 세운 이성계는 1394년, 수도를 한양으로 옮겼어요. 이성계는 궁궐을 짓고 수도인 한양을 보호하기 위한 성을 쌓았어요. 한양성의 총 둘레는 18킬로미터로, 성을 쌓는 데 19만여 명의 백성들이 동원되어 1년이 넘게 걸렸어요. 한양성의 네 곳에 문을 만들어 사람들이 드나들게 했는데 이것이 바로 4대문이에요. 남쪽에 숭례문, 동쪽에 흥인문, 서쪽에 돈의문, 북쪽에 숙정문을 두었지요. 흔히 숭례문을 남쪽에 있는 문이라고 해서 남대문, 흥인문을 동쪽에 있다 해서 동대문이라 부르는데, 남대문, 서대문, 동대문보다는 정식 이름으로 부르는 것이 좋아요.

핵 심 포 인 트
조선 시대 수도였던 서울에는 숭례문, 흥인문, 돈의문, 숙정문의 4대문이 있어요.

현재 숭례문은 국보 제1호로 지정되어 있고, 흥인문은 보물 제1호로 지정되어 있어요. 하지만 지금은 흥인문과 숙정문밖에 없어요. 돈의문은 일제 강점기 때 헐렸고, 숭례문은 2008년 겨울에 불타고 말았어요. 숭례문은 조선 왕조의 정문으로 가장 웅장하고 아름다운 성문이었어요. 그런데 문화재 관리를 소홀히 해서 귀중한 숭례문이 불타 버리고 말았지요.

한양을 둘러싸고 있던 성벽 역시 서울시가 점점 커지면서 허물어져 가서 남아 있는 곳이 별로 없어요.

과학적이면서도 아름다운 수원화성

"수원에 새 성을 쌓고 이곳에 새로운 도시 '화성'을 세울 것이다."

1793년, 정조는 새로운 성을 쌓고 한양에 다음 가는 큰 도시를 만들겠다고 발표했어요. 정조는 화성을 중심으로 백성을 위한 새로운 정치를 할 생각이었지요.

정조는 정약용에게 수원화성을 쌓는 일을 맡겼어요. 정약용은 화성의 설계도를 만들고 성을 쌓는 일을 시작했어요.

화성 건축은 70만 개가 넘는 벽돌과 2만 개가 넘는 나무가 들어가는 엄청난 공사였

어요. 공사에는 정약용이 만든 '거중기'가 사용되었어요. 거중기는 무거운 물건을 들어 올리는 기계인데 이 거중기 덕분에 공사는 3년 만에 끝낼 수 있었지요. 그런데 화성이 완성된 지 얼마 되지 않아 정조가 갑자기 세상을 떠났어요. 정조의 죽음으로 새로운 정치를 펼치려고 했던 개혁도 끝나고 화성은 지방 도시로 주저앉고 말았어요.

수원화성은 과학적이면서 실용적이고 아름다움도 갖추고 있어 동양 성곽에서 가장 빼어난 성곽으로 손꼽힌답니다. 그래서 1997년에는 유네스코 세계문화유산으로 등록되었어요.

화려하고 세련된 월정사 팔각구층석탑

강원도 평창군 오대산자락에 있는 월정사 뜰에는 팔각구층석탑이 서 있어요. 월정사 팔각구층석탑이란 이름은 팔각형 모양의 탑의 몸체를 9층으로 쌓아 올린 돌탑이라서 붙여진 이름이지요.

월정사 팔각구층석탑은 높이가 15.2미터나 되는 높은 탑이에요. 보통 탑의 몸체가 사각형인 경우가 많은데 월정사 팔각구층석탑은 특이하게 팔각형 모양을 하고 있어요. 이것은 고려 시대에 우리나라 북쪽 지방에서 유행했던 양식이에요.

월정사 팔각구층석탑은 화려하고 귀족적인 고려 시대 불교 문화를 잘 보여 주고 있어요.

핵심 포인트

국보 제48호인 월정사 팔각구층석탑은 화려하고 세련된 고려 불교 문화의 특징을 잘 보여 주지요.

1층에는 4면에 부처님을 모시는 작은 방이 있고, 각 층들은 비례와 균형이 잘 맞아 있어요. 또한 위로 살짝 올라간 지붕돌 추녀에는 동으로 만든 종이 달려 있어서 바람이 불면 맑은 종소리가 울려요.

탑의 꼭대기에는 금동으로 만든 장식을 올려 무척 화려하고 세련된 아름다움을 더해 주고 있고, 이 탑 앞에는 돌로 만든 보살이 탑을 향해 미소를 지으며 앉아 있어요.

탑이 이렇게 아름다울 수 있구나. 멋져!

백제의 미소, 서산 마애삼존불상

충청남도 서산시 가야산 계곡에는 절벽에 새겨진 불상이 있어요. 세 분의 부처님이 조각되어 있다고 해서 마애삼존불상이라는 이름을 가지고 있지요.

세 분의 부처님은 모두 싱글벙글 웃고 있는 모습이에요. 가운데 있는 부처님은 너그럽고 자비로운 미소를 짓고 있고, 오른쪽에 있는 부처님은 천진난만한 함박웃음을 머금고 있으며, 왼쪽에 있는 부처님은 손가락을 볼에 대고 귀엽게 웃고 있어요. 꾸밈이 없고 밝은 서산 마애삼존불상의 미소는 온화하고 부드러운 백제의 문화와 닮아 있어요. 그래서 '백제의 미소'라고 불려요. 그런데 신기한 것은 빛에 따라

핵심포인트

국보 제84호인 서산 마애삼존불상의 온화하고 꾸밈이 없는 미소는 '백제의 미소'라고 불려요.

서 표정이 다르게 보인다는 점이에요. 햇빛이 비치지 않을 때는 부처님 얼굴이 엄숙하고 근엄하게 보여요. 하지만 햇빛이 비치면 환한 미소를 머금어요. 그래서 사람들은 '신비의 미소'라고 하기도 해요.

서산 마애삼존불상은 백제 시대를 대표하는 불상 중 하나로, 천 년이 넘는 세월 동안 환한 미소로 보는 사람의 마음까지도 편안하게 해주고 있어요.

> 햇빛이 비치니까 부처님이 미소를 지으셔.

> 그러게 말이야. 저 미소로 인해 마음까지도 편안해진대.

신라의 신비, 석굴암

경주 토함산자락에 있는 석굴암은 통일 신라 시대에 만든 거예요. 굴을 판 다음 돌조각을 쌓아서 방을 만들고 그 안에 부처님을 모신 독특한 사원이에요.

석굴암 안쪽에는 전체 높이가 3.4미터나 되는 거대한 돌부처가 있고 뒤에 11면 관음보살의 조각이 있어요. 양 옆으로 10대 제자들과 보살들 그리고 2명의 금강역사 등이 조각되어 있어요.

석굴암은 조각의 예술성도 뛰어나지만, 정교한 과학

정교하면서도 신비로운 기운이 느껴져요.

기술이 더욱 놀라워요. 석굴암 안은 완벽한 비율로 만들어져 있고, 동해안의 바닷바람과 습기에 상하지 않도록 만들어졌어요. 그래서 천 년이 넘도록 이끼 하나 끼지 않고 원래의 모습 그대로 보존되었어요. 하지만 일제 강점기 때 일본이 석굴암을 마음대로 해체하면서부터 석굴암 안에 물방울이 맺히고 이끼가 끼기 시작했지요. 현대의 과학으로도 석굴암의 원래 모습을 찾지 못하고 지금은 석굴암을 유리벽으로 막고 기계 장치로 습도와 온도를 조절하고 있어요. 석굴암을 통해 통일 신라 시대 수학, 과학, 기술 등의 수준이 얼마나 높았는지 알 수 있지요.

통일 신라 시대를 대표하는 절 불국사

석굴암 아래에는 불국사가 있어요. 불국사는 석굴암과 같은 시기에 만들어졌고, 통일 신라 시대에 세워진 절 중에서 가장 훌륭한 절로 평가받고 있어요. 불국사 대웅전 앞에 서 있는 다보탑과 석가탑은 정교하고도 아름다운 탑이에요. 불국사는 석굴암과 함께 유네스코 세계 문화유산에 등록되어 있지요.

선사 시대 지배자의 무덤, 고인돌

고인돌은 수천 년 전인 선사 시대 사람들의 무덤이에요. 고인돌은 덮개돌(뚜껑돌)을 받치기 위해 고여 놓은 고임돌(기둥돌)이 있는 무덤이라는 뜻이에요.

고인돌은 덮개돌 하나만 해도 수십 톤에 이르는 거대한 것들이 많아요. 고인돌을 쌓기 위해서는 이처럼 거대한 돌덩어리들을 바위에서 떼어내고, 이것을 운반해야 하며, 고임돌을 단단히 세우고, 그 위에 덮개돌을 얹어야 해요.

이렇게 큰 공사를 하기 위해서는 수많은 사람이 필요했어요. 고인돌의 주인은 수많은 사람을 시켜서 거대한 무덤을 만들 수 있는 부족장과 같은 강한 힘을 가진 사람이었다는

고인돌 세우기

고인돌 사이에 흙 채우기

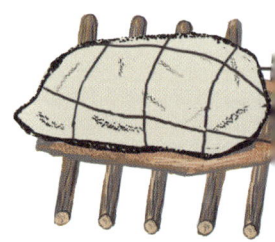
덮개돌 옮기기

것을 알 수 있어요.

전 세계에는 6만여 개의 고인돌이 있어요. 그중 절반이 훨씬 넘는 숫자의 고인돌이 우리나라에 있어요.

특히, 강화도, 전북 고창, 전남 화순에는 고인돌이 아주 많아요. 이 세 곳은 유네스코 세계문화유산으로 등록되어 있어요. 고인돌은 우리나라의 역사가 그만큼 오래되었다는 것을 증명해 주는 것이지요.

핵심 포인트
선사 시대 무덤인 고인돌을 통해 우리 역사가 오래되었다는 것을 알 수 있어요.

덮개돌 올리기   흙 제거하기

가장 크고 오래된 석탑, 미륵사지석탑

전라북도 익산시에 있는 미륵산 아래에 탑 하나가 우뚝 솟아 있었어요. 탑은 한쪽이 무너져 내렸지만 거대한 탑이었어요. 이 탑이 미륵사지석탑이에요.

이 탑이 서 있는 곳에는 미륵사라는 절이 있었는데 지금은 건물들이 모두 무너져 버리고 절터만 남아 있어요. 미륵사는 백제 시대 때 만들어진 절로, 백제에서 가장 큰 절이자 우리나라 역사상 가장 큰 절이었어요.

> 탑이 무지 웅장한걸. 대단해.

핵심 포인트
국보 제11호인 미륵사지석탑은 우리나라 석탑 중에서 가장 크고 오래된 석탑이에요.

미륵사는 세 개의 커다란 법당과 세 개의 탑이 있었다고 전해져요. 지금 남아 있는 미륵사지석탑은 서쪽에 있던 탑이에요. 미륵사지석탑은 우리나라에 남아 있는 석탑 가운데 가장 오래되고 큰 탑이에요.

원래는 9층탑이었던 것으로 추측되지만 지금은 탑의 한쪽이 떨어져 나가 6층까지만 남아 있어요. 더군다나 일제 강점기 때 일본이 탑이 무너지는 것을 막는다며 시멘트를 덕지덕지 발라 놓아 탑을 더욱 훼손했어요.

지금 미륵사지석탑은 완전히 해체해서 다시 원래의 모습으로 복원하는 공사를 하고 있어요. 복원 공사가 끝나면 미륵사지석탑의 웅장한 모습을 다시 보게 될 거예요.

과학과 예술의 조화, 해인사 팔만대장경

경상남도 합천에 가면 해인사라는 절이 있어요. 이곳에 팔만대장경과 장경판전이 있지요.

고려 시대 사람들은 몽골의 침입을 받자 부처님이 몽골을 물리쳐 달라는 마음을 담아 팔만대장경을 만들었어요.

팔만대장경은 나무판에 부처님의 가르침을 조각해 새긴 것이에요. 팔만대장경은 나무판의 숫자만 81,258판이나 되고 거기에 새긴 글자 수는 5천 2백만 자가 넘어요.

더구나 틀린 글자가 하나도 없을 정도로 정확하고 아름답게 새겼어요.

장경판전에는 놀라운 과학 기술이 숨어 있어요.

고려 사람들의 장인 정신과 과학 기술이 고스란히 담겨 있는 세계 최고의 목판이에요. 팔만대장경만큼이나 놀라운 유산이 바로 해인사 장경판전이에요.

장경판전은 팔만대장경을 보관하기 위해 지은 건물이에요. 팔만대장경은 나무로 되어 있기 때문에 뒤틀리거나 갈라지거나 썩기 쉬워요. 장경판전은 팔만대장경의 훼손을 막기 위해 습도와 온도를 자동으로 조절하고, 스스로 환기를 시킬 수 있도록 지어졌어요. 그래서 계절과 날씨 변화가 심한 우리나라 기후 속에서도 팔만대장경은 흠집 하나 없이 수백 년 동안 보관될 수 있었지요.

핵심 포인트
팔만대장경과 해인사 장경판전에는 우리 조상의 놀라운 장인 정신과 과학 기술이 담겨 있어요.

제주도의 역사가 시작된 삼성혈

제주도에는 삼성혈이라고 불리는 세 개의 구덩이가 있어요. 언뜻 보면 그냥 구덩이 세 개일 뿐이지만 이곳이 바로 제주도의 역사가 시작된 곳이에요.

신화에 따르면 먼 옛날 제주도에는 사람도, 가축도, 곡식도 없었다고 해요. 그런데 갑자기 땅속에서 양을라, 고을라, 부을라 세 명이 솟아났어요. 세 을라가 솟아난 곳이 바로 삼성혈이지요.

우리가 바로 제주도의 시조야!

세 을라가 함께 지내던 어느 날 바다에서 나무 궤짝이 떠내려 왔어요. 그 안에는 공주 세 명과 각종 씨앗과 소와 말 등 가축이 들어 있었어요.

세 을라는 세 명의 공주와 결혼을 해서 자손을 낳았어요. 세 을라의 후손들이 고씨, 부씨, 양씨예요. 그리고 나라를 세우고 이름을 '탐라'라고 지었어요. 이렇게 해서 제주도의 역사가 시작되었답니다.

제주도에 있었던 탐라국은 삼국 시대에 고구려, 백제, 신라와 함께 있었던 독립 국가였어요. 탐라국은 백제와 신라뿐만 아니라 중국, 일본과도 외교를 맺어 교류를 했어요.

고려 초기까지도 제주도는 고려와는 다른 탐라국이었지만, 1105년에 고려에 포함되어 고려의 한 지방이 되었어요.

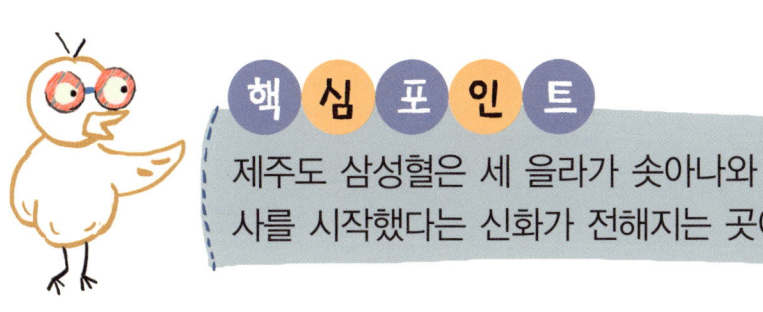

핵심포인트

제주도 삼성혈은 세 을라가 솟아나와 제주도의 역사를 시작했다는 신화가 전해지는 곳이에요.

우리 고장
사람들의 모습

각 지역 사람들은
다양한 일을 하며
열심히 사는구나.

사람들의 생활을 볼 수 있는 재래시장

시장은 먼 옛날부터 있었어요. 옛날에는 보통 5일에 한 번씩 장이 섰는데 장터에는 온갖 물건들이 넘쳐 났어요. 옛날 장터는 물건만 사고파는 곳이 아니었어요. 광대들은 묘기를 부리고, 각설이들도 노래를 부르고, 한쪽에서는 씨름판과 윷놀이 등 온갖 민속놀이가 펼쳐졌어요. 또한 장터에 오면 자주 만나지 못했던 친구들도 만나고, 세상 돌아가는 이야기들도 들을 수 있었어요.

지금은 이런 재래시장의 모습은 찾아보기 힘들어요. 백화점과 대형 할인점들이 들어오면서 재래시장을 찾는 사람들이 점점 줄어들었기 때문이지요.

핵심포인트
재래시장에 가면 고장 특산물과 고장 사람들의 사는 모습을 한눈에 볼 수 있어요.

재래시장이 줄어들긴 했지만 여전히 재래시장에는 그 고장 사람들의 생활 모습이 담겨 있어요. 재래시장에 가면 고장 사람들이 손수 농사를 지은 농산물과 직접 잡은 싱싱한 해산물들을 만날 수 있고, 그 지역에서 나는 특산물도 만날 수 있어요. 백화점이나 대형 할인점에서는 찾아볼 수 없는 넉넉한 인심과 투박하지만 순수한 멋도 느낄 수 있지요. 그래서 재래시장에 가면 그 고장 사람들이 어떻게 사는지 한눈에 볼 수 있답니다.

우리나라 대표 시장, 남대문시장과 동대문시장

재래시장에는 5일에 한 번씩 장이 서는 5일장과 매일 장이 서는 상설시장이 있어요. 상설시장은 주로 도시에 많이 있어요. 상설시장의 대표적인 시장이 바로 서울에 있는 남대문시장과 동대문시장이에요.

숭례문 근처에 있는 남대문시장은 약 600년 전부터 시작된 오랜 전통을 가지고 있는 우리나라 대표 시장이에요.

남대문시장은 점포 수만 1만 개가 넘고, 옷, 가방, 이불, 그릇, 식료품, 골동품 등 파는

품목만 1만 7000여 종이 넘어요. 남대문시장에 없으면 우리나라 어디에도 없다는 말까지 있을 정도지요. 하루에도 30만 명이 넘는 사람들과 1만 명이 넘는 외국인이 매일 남대문시장을 찾고 있어요.

동대문시장은 우리나라에서 가장 큰 옷 시장이에요. 동대문시장은 종로4가에서부터 흥인문(동대문) 주변에 있는 시장과 상가를 말해요.

동대문시장에는 평화시장, 동화시장 등 전통적인 옷 시장들과 현대적인 패션 쇼핑몰 등 수많은 상가들이 있어요.

동대문시장은 우리나라는 물론 세계 각지에서 수많은 사람들이 찾아오는 국제적인 패션시장이에요.

대표적인 수산 시장, 부산 자갈치 시장

부산 자갈치 시장에 가면 살아서 팔딱팔딱 뛰는 횟감용 생선, 갓 캐 온 조개, 김이나 다시마, 말린 오징어나 말린 생선까지 바다에서 나는 것은 없는 것이 없어요.

'자갈치'라는 이름이 붙은 이유는 시장이 생긴 곳에 옛날에는 자갈이 아주 많아서 붙여진 이름이라고 해요. 자갈밭 위 작은 좌판에서 생선을 팔면서 자갈치 시장이 시작되었어요.

지금의 자갈치 시장은 시끌벅적한 구시장과 깔끔한 신시장이 조화를 이루고 있어서 독특한 멋과 맛을 가진 시장이에요. 구시장에 해당하는 자갈치 시장에 가면 길가에 좌판을 벌이고 대야에 생선이나 조개를 담아서 파는 모습을 볼 수 있어요. 이곳에서는 횟감을 고르면 그 자리에서 회를 떠 주지요. 그에 반해 신시장은 최신식 시설을 갖춘 현대식 건물들이 들어서 있어요.

부산의 자갈치 시장과 함께 대표적인 수산물 시장이 서울에 있는 노량진 수산 시장이에요. 노량진 수산 시장은 우리나라에서 가장 큰 수산 시장이에요. 전국 곳곳에서 잡힌 수산물이 노량진으로 모여들지요.

전통이 살아 있는 5일장

5일장은 5일에 한 번 서는 장을 말해요. 지금은 많은 5일장이 없어지거나 상설시장이 되었지만 아직까지 많은 5일장이 남아 있고, 각 지역의 독특한 특색을 가지고 있어요.
대표적인 5일장을 살펴보면, 경기도 성남에서 열리는 모란장은 전국에서 가장 큰 5일장으로 고추 장터와 개, 닭, 오리 등 각종 동물을 파는 장터가 유명해요. 안성시의 안성장은 대구장, 전주장과 함께 조선 시대에 가장 큰 장이었어요. 놋쇠로 만든 놋그릇인 유기가 유명해요.
강원도 횡성군의 횡성장은 소 시장으로 유명한 곳이에요.
충청남도 홍성군의 광천장은 새우젓이 유명해요.
전라남도 담양군의 담양장은 죽제품이 유명하지요.
경상북도 안동시의 안동장은 간고등어와 삼베인 안동포가 유명하고, 경상남도 하동군에 있는 화개장은 전라도와 경상도 두 지역을 이어주는 장이었어요.

지역마다 특산물이 있는 이유는?

사과는 충주가 유명하고, 감귤은 제주도가 유명하고, 굴비는 영광굴비가 최고라고 하지요. 이처럼 어떤 지역에서 특히 많이 생산되거나 품질이 우수해서 유명해진 상품을 특산물이라고 해요. 우리나라 각 지방마다 그 지방을 대표하는 특산물이 있어요.

그런데 지역마다 특산물이 있는 이유는 무엇일까요?

그건 바로 지역마다 온도, 바람, 흙의 성질, 땅의 높낮이 등이 다르기 때문이에요. 지역마다 독특한 특징이 있기 때문에 그 지역 특징에 맞는 특산물들이 있는 거예요.

감귤은 따뜻한 지역에서만 자라요. 우리나라에서 가장 따뜻한 제주도가 아닌 지역에서는 감귤을 재배하기 힘들어요. 또한 명태는 추운 바다에서만 사는 물고기예요. 그래서 강원도 위쪽 지역에서만 명태가 잡히지요.

이렇게 그 지역에서만 나는 것은 당연히 그 지역의 특산물이 되겠지요.
그리고 같은 과일이나 채소도 날씨나 땅의 상태에 따라서 맛이 달라져요. 가장 좋은 조건에서 재배한 과일이나 채소가 맛이 가장 좋아요.
다른 지역보다 맛이 좋으면 그 지역에서 재배한 과일이나 채소가 유명해지기 때문에 특산물이 되지요.
지금부터 각 지역의 특산물을 살펴볼게요.

경기도의 특산물

경기도는 도시가 가장 많이 발달한 지역이에요. 서울을 중심으로 많은 도시들이 있고, 우리나라의 절반이 넘는 인구가 서울과 경기도에 살고 있어요.

경기도는 북쪽과 동쪽으로는 산이 많고, 남쪽과 서쪽으로는 평야가 많아요. 그리고 서쪽으로는 서해 바다와 맞닿아 있어요.

한강, 임진강, 안성천 주변으로 경기평야, 연백평야, 안성평야 등 비옥한 평야 지대가 있지요. 특히 평택, 안성 일대는 예로부터 경기미의 생산지로 이름이 높았어요.

그리고 경기미 중에서도 이천 지방에서 나오는 쌀이 최고로 손꼽혀요. 쌀의 품질을 좌우하는 토양과 기후가 좋기 때문이지요.

오늘날 이천에서 해마다 10월에 쌀축제를 벌이는 이유도 이천 쌀의 우수성을 계속해서 알리기 위해서랍니다.

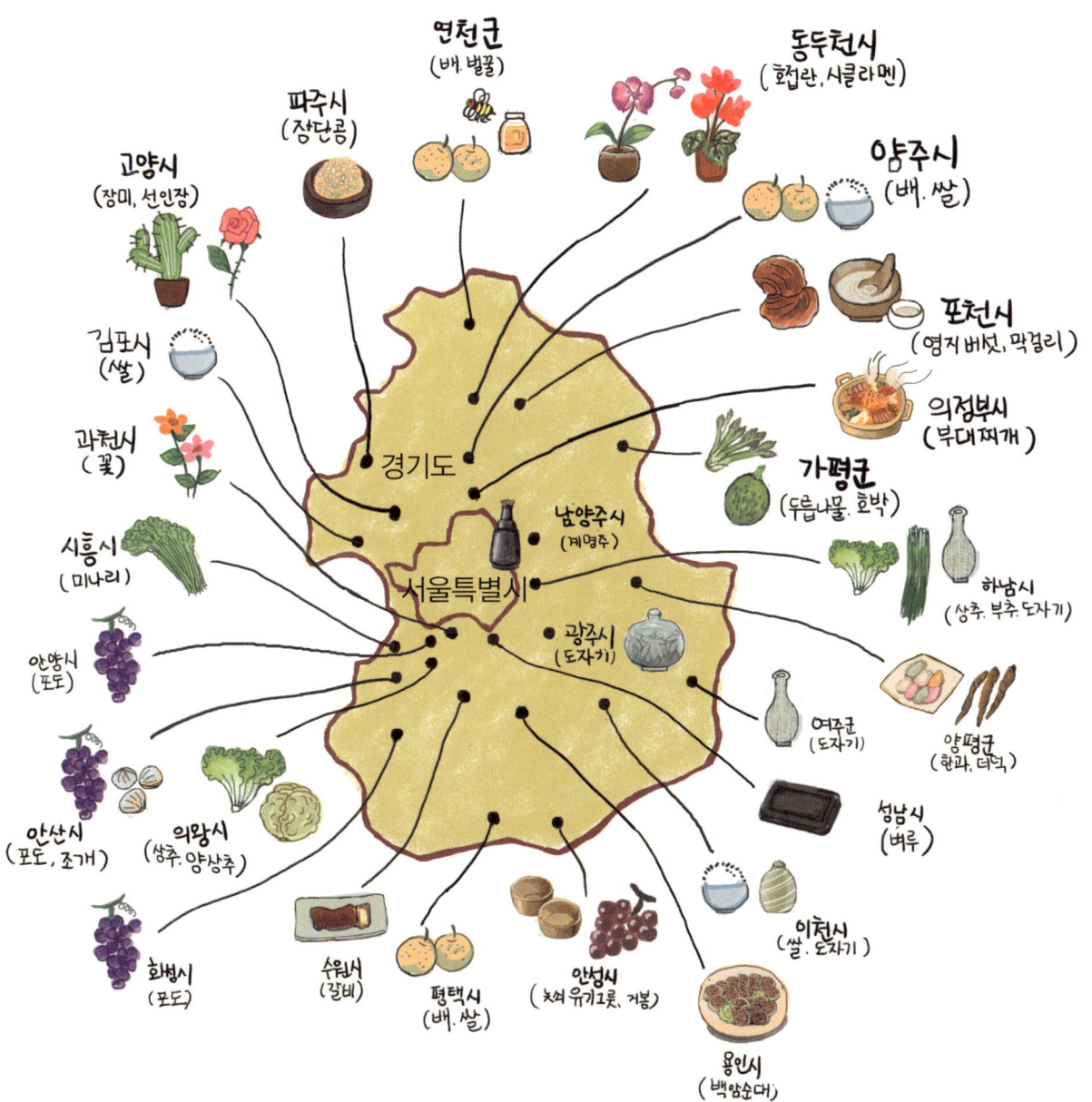

강원도의 특산물

강원도는 대부분 산으로 이루어져 있어요. 농사를 지을 수 있는 땅은 전체의 $\frac{1}{10}$ 정도밖에 되지 않아요. 그 땅들도 대부분은 밭이고 논은 별로 없어요. 그래서 옛날부터 감자, 옥수수 같은 밭농사가 발달했어요.

산이 많은 강원도는 우리나라에서 자연이 가장 잘 보존된 곳이에요. 환경오염이 적기 때문에 친환경적인 농산물이 생산되는 곳이지요. 강원도에는 맑고 깨끗한 동해 바다가 있어요. 동해 바다에는 명태, 대구, 오징어 등과 같은 생선들이 잡혀요.

춘천 막국수, 이름의 유래

막국수의 '막'은 '주저없이 함부로 또는 아무렇게나'라는 뜻으로, 막국수는 강원도 지역에 흔한 메밀가루를 반죽하여 뽑은 국수에 김치나 동치미 국물을 부어 먹는 음식이에요. 막국수는 강원도 여러 지역에서 만들어졌지만 춘천이 서울로 통하는 강원도의 중심지였기에 춘천의 명물로 소문나게 되었어요.

충청도의 특산물

남한의 중심에 위치해 있는 충청도는 차령산맥과 소백산맥에 둘러싸여 있어요. 두 산맥에 둘러싸여 커다란 분지를 이루고 있는 충청도는 기온 차이가 심해서 과일 농사가 잘 돼요.

충청도는 충청북도와 충청남도로 나누어져 있는데 충청북도 지역은 소백산, 월악산, 속리산 등 산이 많고, 충청남도는 평야가 발달해 있어요.

또한 서해의 갯벌과 바다에서는 다양한 수산물들이 나요.

천안의 호두과자가 명물로 팔리게 된 이유

고려 말 충렬왕 16년에 유청신이란 분이 원나라에 다녀오면서 호두나무 묘목을 가져와서 광덕사에 심었다고 해요. 그 후 선생의 후손 및 지역 주민들이 정성껏 가꾼 결과 천안은 호두의 주산지가 되었지요. 후대의 조귀금, 심복순 부부가 호두 모양을 본뜬 과자를 만든 것이 선풍적인 인기를 끌었고, 이후 천안의 명물로 만주에까지 팔려나갔답니다.

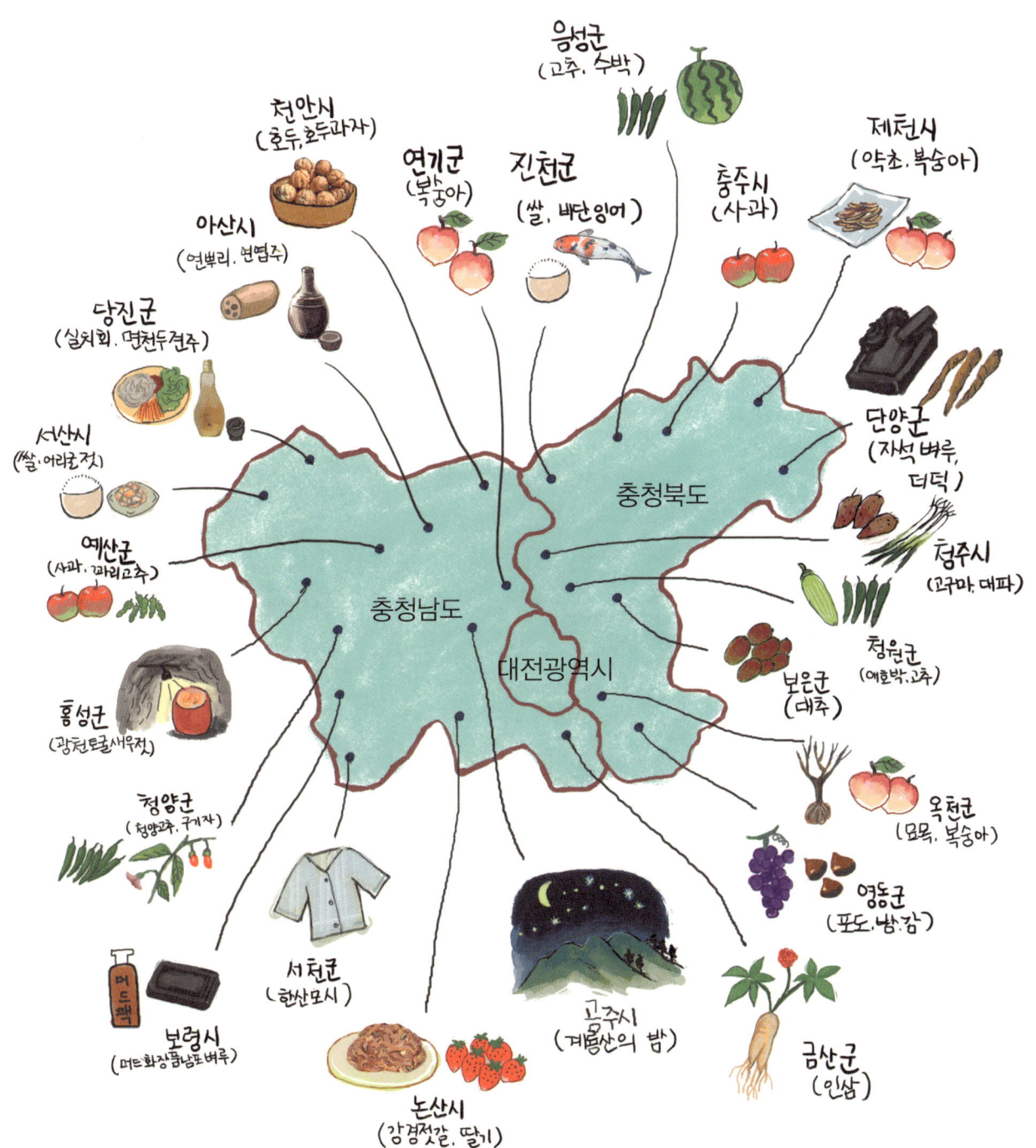

전라도의 특산물

전라도 지역은 호남평야, 나주평야 등 우리나라에서 가장 넓은 평야가 발달한 곳이에요.

전라도는 전국에서 가장 많은 곡식을 수확하는 곳이에요. 또한 가장 많은 섬이 있고, 바닷가에는 갯벌이 넓게 펼쳐져 있어서 생선을 비롯한 해산물도 풍부해요.

어머니의 산이라고 불리는 지리산을 비롯해서 덕유산, 월출산 등 이름난 산들도 많아요.

넓은 평야와 서해와 남해 바다의 섬과 갯벌, 지리산 등이 있는 전라도에는 많은 특산물이 있어요.

전주비빔밥 맛의 비법

전주는 조선 시대 때 큰 고을이었어요. 게다가 각종 물자가 이곳에서 거래되었기 때문에 먹거리 문화가 발달했어요. 이 중에 전주비빔밥이 유명해요. 전주비빔밥은 소뼈를 우려낸 물로 지은 밥에 질 좋은 콩나물과 윤기 흐르는 고추장, 육회, 청포묵이 들어가는 것이 특징인 전라도를 대표하는 맛있는 음식이랍니다.

경상도의 특산물

경상도는 우리나라 동남쪽에 위치해 있어요. 산이 많은 곳이라고 하면 강원도를 떠올리지만 경상도도 산이 많은 지역이에요. 가지산, 운문산, 가야산 등 1000미터가 넘는 높은 산들이 많아요.

낙동강을 따라서 평야 지대도 펼쳐져 있어요.

또한 동해와 남해를 접하고 있는 경상도는 옛날부터 수산업이 발달했어요.

특히 경상남도에 위치한 통영과 남해 등을 중심으로 고기를 잡는 어장이 발달했고, 양식장도 많이 있답니다.

영덕 대게, 이름의 유래

영덕은 경상북도 동해안에 있는 작은 마을이에요. 이 지역의 특산물로는 '대게'가 유명해요. 영덕 대게는 그 크기가 꽃게보다 몇 배나 더 크고 맛도 좋아서 '게의 귀족'으로 불리기도 해요. 이름의 유래는 8개의 다리가 대나무처럼 길다고 해서 '대게'라고 붙여진 거예요. 대게는 다른 바닷게들과 달리 속살이 쫄깃쫄깃하고 맛이 담백해서 일찍이 궁중에 바쳐졌답니다.

제주도의 특산물

제주도는 우리나라에서 가장 남쪽에 있는 지역이에요. 그래서 겨울에도 기온이 영하로 내려가지 않을 정도로 따뜻해요.

따뜻한 제주도에는 감귤, 파인애플, 바나나, 망고 등 다른 지역에서 볼 수 없는 작물들이 잘 자라요. 특히 제주도 감귤은 제주도를 대표하는 특산물이에요. 감귤은 조선 시대부터 임금님에게 올리던 귀한 과일이었어요.

요즘에는 귤과 비슷하지만 맛과 향을 더 좋게 한 한라봉, 천혜향 등과 같은 개량종 과일도 제주도의 특산물로 떠오르고 있어요.

제주도의 한라산자락은 넓은 풀밭이 펼쳐져 있어서 소나 말을 키우기에 적합해요. 제주도는 고려 시대부터 나라에서 필요한 말을 키우는 목장이 발달했어요.

옛말에 '사람은 서울로 보내고, 말은 제주도로 보내라.'는 말이 있어요. 그만큼 제주도에 말도 많지만 말을 잘 훈련시키고 키웠다는 뜻이에요. 제주도의 말은 천연기념물 제347호로 지정되어 있어요. 제주도 흑돼지도 유명해요.

또한 제주도는 바다로 둘러싸인 섬답게 해산물도 풍부해요. 옥돔, 고등어, 갈치, 전복 등도 제주도의 특산물이지요. 옥돔은 제주도 사람들이 좋아하는 물고기예요. 옥돔은 대가리가 툭 불거져 있는 데다 꼬리까지 거의 수평인 못 생긴 생선이에요. 하지만 옥돔을 한 번 맛본 사람은 그 맛에 반해서 다시 찾게 된대요. 또 영양이 풍부해서 허약해진 몸을 보충하는 데도 좋답니다. 때문에 옥돔은 제주도 사람이 다른 지역 사람들에게 보내는 고급 선물로 인기가 많아요.

핵심포인트
제주도의 특산물은 육지에서는 볼 수 없는 과일들, 말, 흑돼지, 풍부한 해산물 등이 있어요.